AF367803

NOTICE

SUR

LA CHINE.

NOTICE

sur

LA CHINE

Pour servir de CATALOGUE à la grande

EXPOSITION CHINOISE

66, Avenue Montaigne, 66,

(Allée des Veuves — Champs-Élysées.)

PAR J.-G. HOUSSAYE,

Propriétaire-Directeur,

NÉGOCIANT EN THÉS ET ARTICLES DE CHINE,

36, rue Vivienne,

A la Porte-Chinoise.

PARIS,

CHEZ L'AUTEUR.

1855.

AVANT-PROPOS

Le but de cette Notice est de réunir pour le Public les renseignements les plus intéressants sur la Chine, nécessaires à l'explication de la collection que je lui soumets.

Ces renseignements ont été puisés à bonne source ; les meilleurs auteurs anglais et français en ont fourni la principale partie, avec le complément et sous le contrôle des connaissances approfondies que j'ai du pays.

INTRODUCTION.

—⚹—

Ensemble de la Salle.

Lorsqu'il pénètre à l'intérieur, après avoir examiné la façade extérieure dont le principal mérite est de représenter un bâtiment chinois dans sa plus exacte exécution, le visiteur doit s'arrêter un instant à l'entrée de la salle ; son regard alors embrassera tout l'ensemble.

Une nef de 25 mètres de profondeur sur 12 mètres de hauteur et 15 mètres de largeur développe dans son enceinte tout ce que la Chine produit de plus curieux et de plus riche.

Ce sont, au centre, des porcelaines aux couleurs artistement variées, des temples, des pagodes, puis un temple à deux étages de six mètres de hauteur, décoré de lanternes, de ballons, de vases d'une originalité exceptionnelle, de racines sculptées, et renfermant sous ses vitrines d'anciennes porcelaines de Chine et du Japon, aujourd'hui si rares, des vases craquelés d'un grand mérite ; puis, derrière le temple, et visible à travers son arcade médiane, on découvre une haute et élégante pagode, fac simile de la fameuse pagode en porcelaine de Nankin, détruite dans une insurrection. L'œil enfin s'arrête devant un horizon de sculptures, de dorures, de peintures aux couleurs riches et variées ; après cet examen d'ensemble, le public voudra bien commencer par la galerie de droite sa visite aux personnages chinois dont l'explication va suivre dans cet ordre.

NOTICE SUR LA CHINE.

I.

Une Cour de Justice à Nankin.

Rien n'est plus sommaire que la justice ordinaire en Chine. L'accusé ne peut jamais compter sur aucune des garanties ordinaires de la loi en Europe. Sans plaidoieries, sans jury, quelquefois même sans audition de témoins, le juge prononce la sentence, et l'exécution suit de bien près le jugement, quand surtout le magistrat est armé du *Ouang-Ming* (ordre du roi), symbole d'autorité qui suffit pour valider le commun des exécutions.

Ce n'est que lorsqu'il s'agit de crimes énormes que l'accusé est amené, à Pekin, devant les officiers qui composent le conseil des peines (*Hing-poow*). Une fois par an seulement, les membres de ce conseil s'adjoignant les membres des huit principales cours, forment dès lors une cour suprême appelée Keou King (les neuf ministres) qui révise en bloc la sentence émanée des magistrats des provinces; et ses arrêts, revêtus du *Kin-Tsze* (respectez ceci) sont irrévocables.

Ici, nous assistons au jugement d'un simple délit.

Le juge (1), entouré de tous les attributs symboliques de la lumière et de la loi, et ayant devant lui l'image des trois Boudd'has, c'est-à-dire du passé (2), du présent (3) et de l'avenir (4), est froid et sévère à son tribunal. Derrière lui est le soldat bourreau (5) convoitant déjà avec joie la proie qui doit lui revenir.

Devant le tribunal, est un mandarin (6) en grand costume de justicier, et dont la présence valide la délibération. A sa droite, est son secrétaire (7) lisant le fameux *Ouang-ming;* puis arrive un prêtre (8) du culte de Fuh en grand costume, et la tête complètement rasée. Il doit exhorter le patient à avouer de bonne volonté ses crimes, plutôt que d'y être contraint par la torture; et pourtant, l'accusé (9), à genoux, les mains jointes, une chaîne au cou tenue par le *fou-youen* (10) ou valet du bourreau, proteste de son innocence. Il arrive quelquefois que, le jugement prononcé, l'accusé est immédiatement saisi, garotté, couché sur une planche, en présence des juges, et reçoit, comme supplément de la sentence, un certain nombre de coups de bambou. Si les jugements sont expéditifs, iniques et faussent les plus simples règles de la justice et du droit, les supplices sont entachés d'une telle barbarie qu'on éprouve une sorte d'horreur à les décrire. Et pourtant, il faut bien pénétrer dans cette salle dont l'aspect épouvante en quelque sorte les regards, et qu'on nomme *Ti-Yo* (prison souterraine).

II.

Les Supplices.

Un homme (12) est étendu à terre ; sa tête vient d'être tranchée par l'espèce de pique-couperet (13) que le bourreau (14) tient d'une main, tandis que de l'autre il agite, au bout d'un long bâton, une cage (15) renfermant la tête encore toute saignante.

Lorsqu'un condamné doit subir sa peine dans une province autre que celle où a eu lieu le jugement, il est renfermé et transporté dans une cage (16) semblable à celle que nous avons sous les yeux. Les pieds et les mains attachés à de lourdes chaînes, le corps voûté en deux, le prisonnier ne peut aucunement se mouvoir dans cette prison étroite, et il est rare qu'il puisse supporter un long trajet quand, surtout, les porteurs qui l'accompagnent oublient, mus par une rapacité inouïe, de lui donner le peu de nourriture qui lui revient. La cage que nous avons sous les yeux a un mérite tristement réel, car elle a servi a plus d'un transport de ce genre, et bien des douleurs, bien des imprécations ont dû s'exhaler de ses sombres barreaux.

Derrière un faisceau d'armes (17) faisant connaître plus particulièrement leurs différentes sortes de piques et de lances, est le supplice du *kia* (clé de bois) ou *cangue* (18) Le condamné, mis à genoux, est obligé de supporter, enchâssée dans son cou, une lourde table de bois à laquelle il sert, en quelque sorte, de piédestal; puis, et quelquefois, ainsi que nous en avons ici l'exemple, il est contraint à une distension si grande des articulations des bras, que le droit, faisant cercle au corps, est forcé d'arriver à gauche, tandis que le gauche est fortement attaché aux reins par une chaine en fer. Dans cette cruelle position, qui dure souvent des mois entiers, il se trouve également à la merci du bon vouloir de ses geôliers pour sa nourriture.

Au fond, à droite, est le tourniquet. Le condamné (19) est attaché à un lourd poteau, ligaturé des pieds à la tête et les bras mis en croix. Le bourreau (20) passant des traverses de bois dans la corde, la tourne, la serre jusqu'à ce que le patient soit broyé et étranglé. Il y a encore la bastonnade, la marque au fer rouge sur la joue ou sur le front; la scie, où l'homme, attaché entre deux planches, est scié en deux du haut en bas, ainsi qu'on fait d'une pierre de taille. Le martelet, où le patient, la tête sur le billot, reçoit, à des intervalles égaux atrocement calculés,

des coups d'une lanière en cuir ferrée à son ex-
trémité jusqu'à ce qu'il y ait anéantissement
complet du crâne ; et bien d'autres tortures dont
nos pieux et courageux missionnaires ont eu à
subir toutes les atrocités, mais que nous nous
abstenons d'exposer, par des motifs de conve-
nance que nos visiteurs sauront apprécier. Il y
a encore le bannissement temporaire, où le cri-
minel est employé aux mines ; l'exil à vie, où il
est vendu aux officiers ou aux soldats tartares
qui l'assujétissent aux plus rudes travaux
quand ils ne le louent pas pour bête de som-
me ou de trait. Lorsqu'il s'agit d'un crime de
haute trahison (*Ling-che*), ce qui peut se
traduire en français par *coupé en dix mille
morceaux*, non seulement le traître est puni par
les plus cruelles tortures, mais le même supplice
s'étend sur tous les membres de sa famille, afin,
disent les Chinois, que le mauvais arbre soit
anéanti jusque dans sa dernière racine.

En avant de tous, sur la droite, est le pleureur
(21) ; son vêtement et sa coiffure, outre la particularité de la forme et la grossièreté de l'étoffe,

ont cela de remarquable que l'Empereur, les jours de deuil, revêt un vêtement semblable ; et, comme marque d'une affliction profonde, ses cheveux ne sont plus rasés.

Laissons maintenant tous ces supplices, toutes ces souffrances, toutes ces tortures, pour occuper notre esprit et nos yeux d'un spectacle moins lugubre. Nous arrivons dans un élégant salon, en présence de lettrés.

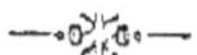

III.

Littérature, Typographie, Opium, Tabac.

L'éducation et la littérature en Chine forment, sans comparaison, le point de vue le plus intéressant et le plus instructif sous lequel ce pays peut être considéré.

Suivant J. Davis, il existait en Chine, il y a deux mille ans, un règlement qui enjoignait à chaque ville, à chaque village, quelque faible qu'en fût la population, d'avoir une école commune ; et un ouvrage, bien antérieur à l'ère chrétienne, traite d'un ancien système d'instruction.

Les concours et examens ont lieu une fois par an dans les provinces, et tous les trois mois à Pekin. Les cours sont fréquentés par une quantité d'étudiants tous désireux de s'instruire. Chacun peut être admis à suivre les cours ; sont exclus cependant les domestiques, leurs enfants et leurs petits-enfants ; les sous-officiers et les comédiens peuvent écouter, mais placés aux derniers rangs de l'amphithéâtre.

L'exclusion des domestiques produit une exclusion nombreuse ; si pourtant ils se présentent richement vêtus, il y a alors dérogation à la loi, et ils sont admis dans l'enceinte sans pourtant pouvoir concourir.

Deux inspecteurs (*Choo-kaou*) sont envoyés de Pekin pour surveiller les examens de la province. L'étudiant qui obtient le plus haut grade littéraire est autorisé à porter sur son chapeau, comme une marque de haute distinction, une pierre blanche venant de l'Inde, appelée *chhay heur* de plus, il est couronné d'une branche de l'olivier odoriférant, signe distinctif qu'il est arrivé au grade de *Keu-Jin*.

Quelques auteurs prétendent, au contraire, que l'instruction est négligée en Chine, que les cours ne sont fréquentés que par un très-petit nombre, etc. Je n'ai point à me prononcer à cet égard ; je sais seulement que le peuple chinois est un peuple essentiellement écrivain, ainsi que le prouve le nombre immense des ouvrages publiés dans le pays. Dans les différentes sections de la morale, de l'histoire, de la biographie, de la poésie, de la romance et du théâtre, il y a peu de nations qui possèdent autant d'œuvres choisies. La matière médicale de *Le-She-Chan* comprend à elle seule quarante volumes in-8. Les ouvrages de statistique sont également fort nombreux. On sait que leurs tragédies, pour la plupart, sont d'excellentes peintures des mœurs nationales. Le plan est bien indiqué, les incidents sont naturels et les caractères soutenus. La Chine a eu son âge poétique, sous Auguste, les belles-lettres y florissaient au VIIIe siècle de notre ère, lorsque l'Europe était encore plongée dans l'ignorance et la barbarie.

L'art typographique, très-moderne dans nos contrées, fut pratiqué de temps immémorial chez les Chinois. Mais comme leur alphabet se compose de 60 à 80,000 signes ou lettres, il leur eût été difficile de se servir de types mobiles ; ils se sont donc bornés à tailler en relief, sur une planche de bois dur, les caractères dont ils ont besoin ; à enduire ces caractères d'une encre noire et visqueuse composée de noir de fumée tiré de vieux pins, dont on corrige l'odeur avec des parfums, et à en tirer un nombre déterminé d'empreintes, en y appliquant successivement différentes feuilles de papier. Il ne faut pas oublier que cette nation écrit de bas en haut et de droite à gauche, comme les Hébreux. Les presses ne sont pas d'usage dans les imprimeries chinoises. On se sert de deux brosses, l'une pour humecter d'encre la forme, l'autre pour presser doucement le papier sur cette même forme. Le papier, fabriqué avec de l'écorce de bambou, de mûrier, d'orme ou de cotonnier, est trop mince pour recevoir l'impression des deux côtés. La planche gravée sur laquelle on applique la feuille contient ordinairement deux pages. Quand l'impression est faite, on plie cette feuille de papier en deux, le blanc en dedans, de sorte que le pli se trouve former la tranche, et le feuillet reste double. Les relieurs chinois, à l'inverse des nôtres, réunissent ces feuillets en un volume, en les attachant par les bords.

Dans l'éducation, la gloire des Chinois est d'enseigner tout d'abord les devoirs de la famille; et cette éducation est imposée en quelque sorte d'autorité. Les aphorismes, les maximes y sont d'un grand usage. On les suspend au mur de chaque appartement, afin qu'ils soient constamment en vue et lus tant par l'enfant que par le vieillard. Les Chinois disent : *que les bons proverbes ressemblent à des perles qu'il faut enchâsser soigneusement. Inscrivez-les sur les murs de votre habitation, ajoutent-ils; consultez-les et considérez-les comme des avertissements salutaires.*

Les personnages de ce salon sont de véritables lettrés. Les uns écoutent les leçons théologiques et morales d'un prêtre de la secte de Taou (22), revêtu de son costume canonique ; les autres commentent un ouvrage nouvellement paru, lu par l'auteur lui-même (23), coiffé de son chapeau de lauréat. Dans la femme (24) qui s'offre à nous, il faut remarquer les *lys-dorés*, ou les petits pieds, signe distinctif des femmes de qualité.

La petitesse des pieds des dames de qualité laisse au regard une impression pénible. On dirait, en les voyant ainsi tronqués, qu'ils ont subi une sorte d'amputation

Quand l'enfant est jeune, on arrête. par des pressions de bandelettes très-fortes, la croissance non seulement du pied, mais de toute la partie inférieure de la jambe. On laisse à l'orteil sa position naturelle, et l'on courbe les autres doigts jusqu'à ce que, comprimés et adhérents sous la plante du pied, ils ne puissent plus en être séparés. Il résulte de cette douloureuse méthode que les pieds d'une beauté chinoise ont rarement plus de quatre pouces de long. Cette coutume, attribuée à la jalousie des maris (car on a longtemps cru que l'on estropiait les femmes en Chine pour les empêcher de sortir), doit son origine à la mode, plus puissante quelquefois que les institutions. L'histoire rapporte que les femmes des grands dignitaires, désirant ressembler à l'impératrice Tacha, laquelle était douée d'une si parfaite beauté qu'ils l'estimaient une déesse, et de qui le plus bel attrait ne consistait qu'en la petitesse de ses pieds, se servirent de chaussures extrêmement étroites ; mais que, n'ayant pu cependant atteindre à cette perfection tant souhaitée, elles prétendirent en léguer le don à leurs filles, et obtenir de l'art ce que leur avait refusé la nature. Dans une famille où il n'existe point de noblesse héréditaire, cet usage ridicule sert à constater, du moins, que l'on tient à une famille distinguée par son rang et ses richesses, où par conséquent on n'a pas besoin de marcher. On prétend aussi que cette coutume provient d'une loi qu'avaient autrefois instituée les sages, pour apprendre aux femmes qu'elles ne doivent pas courir les rues et les lieux publics, mais rester dans la maison de gré ou de force.

Sur une petite étagère (25) sont les pipes à opium et tous les ustensiles nécessaires pour fumer ce narcotique si pernicieux et pourtant si goûté en dépit de la loi sévère qui le prohibe. Malgré les ordonnances militaires, malgré les ordonnances de l'empereur, qui défendent l'usage de ce poison, combien perdent le plus précieux de leur existence dans les funestes délices de l'opium! Néanmoins, ils cultivent aussi le tabac ; mais cette plante, qui a été introduite chez eux sous la dynastie de Yuen, en 1300, n'est appréciée que par un très petit nombre. Le tabac à priser est le privilége presque exclusif des hautes classes de la société. Il est enfermé précieusement dans de riches flacons attachés à la ceinture avec l'accessoire obligé de pelles ou cuillères en or, rarement en porcelaine. Le priseur introduit une de ces cuillères dans le flacon, et en retire une poudre fine et aromatisée qu'il place sur le revers de la main gauche, près de la dernière phalange du pouce, et qu'il aspire doucement, lentement, avec une sorte de volupté raisonnée.

— ❦ —

IV.

Mandarins.

Il existe en Chine des classes privilégiées : la loi énumère plusieurs causes de priviléges :

1° La parenté impériale ;

2° Les longs services ;

3° Les actions illustres ;

4° La sagesse extraordinaire ;

5° Les grands talents ;

6° La naissance.

Il y a trois classes de nobles :

1° Ceux qui possèdent les neufs rangs officiels ;

2° Ceux qui sont employés à quelque service public ;

3° Ceux qui sont investis d'un commandement civil ou militaire.

Parmi eux se trouvent comprises les personnes qualifiées d'un des cinq titres de noblesse
héréditaire; les *Kung*, les *Hoou*, les *Pho*, les *Tsze*,
les *Nan*; en quelque sorte les ducs, les marquis,
les comtes, les vicomtes, les barons, et les
chevaliers.

Les neuf rangs comprennent, à peu d'exception près, tous les employés du gouvernement.
On les distingue les uns des autres par la nature
du bouton attaché à leur bonnet. Ce bouton est
de rubis pour la première classe; de corail pour
la seconde; de pierre bleu-clair pour la troisiè-
me; de pierre bleu foncé pour la quatrième; de
cristal pour la cinquième; de pierre blanche ou
de pierre de jade pour la sixième, et pour les
trois dernières d'or travaillé.

Au nombre des marques de distinction que
l'empereur seul accorde, on doit placer d'abord
la pièce d'étoffe brodée en soie qui se porte sur la
poitrine. Cette pièce, carrée, quelquefois ronde,
représente ou l'oiseau fabuleux qui est le phénix
des Chinois, ou le tigre, ou le dragon impérial em-

blème des fonctions guerrières, ou le faisan qui désigne les mandarins civils.

Aucun militaire, fonctionnaire ou non, n'oserait se montrer en public sans des bottes de soie piquée et d'une certaine épaisseur. Le reste de la parure d'un mandarin consiste en chaînes ou colliers de corail, d'agate, de cristal ou de verre colorié ; ces espèces de chapelets s'appellent *sou-chou.*

L'administration générale de la Chine comprend deux conseils, six bureaux ou ministères, un bureau colonial, une institution de censure, une académie et quelques cours inférieures. Privé d'espace, nous n'avons pu mettre sous les yeux de nos visiteurs que quatre membres de cette administration générale.

C'est d'abord le *Hou-Pou* (26) ou ministre des finances, dont les attributions sont, avec la levée des impôts, la distribution des salaires, l'administration des greniers publics, le cadastre de l'empire, le recensement des populations, le réglement des secours gratuits et des distributions de grains et de riz pour le soulagement des classes pauvres. Il vient de quitter son costume d'apparat, et le voilà chez lui racontant les détails de la fête annuelle de l'agriculture, qu'il vient de présider, laquelle a été honorée, suivant l'usage, par la présence de l'Empereur, qui, lui-même, a labouré un champ.

Près du *Hou-Pou*, et l'écoutant, est le *Hung-Pou* (17), ministre des travaux publics. Il a sous sa juridiction toutes les manufactures du pays ; il s'occupe des fortifications, de l'érection des temples, des canaux et de leur entretien, des poids et mesures, de la fabrication de la monnaie, etc. ; il dirige la fabrication de la poudre à canon ; il fait réparer les grandes routes et surveiller, par des postes militaires, les points où les inondations sont à craindre.

A côté d'eux est la femme (28) légitime du *Hou-Pou*. La femme, en Chine, est dès sa naissance vouée au mépris, et regardée comme un être d'une condition radicalement inférieure. On a vu de ces pauvres victimes dédaignées acquérir des connaissances de l'ordre le plus élevé, sans pour cela se croire affranchies de leur servilité native, ni oublier quel rang inférieur elles occupent dans la création, et les modestes fonctions qui doivent être leur apanage exclusif.

À partir de leur neuvième année, les filles ne quittent plus leur appartement ; des maîtresses leur sont données, et leur enseignent surtout à parler et à se conduire avec la modération qui leur convient.

Elles apprennent ensuite à filer, à dévider, à tisser la soie ou la laine. À quinze ans, elles sont admises à tous les priviléges de leur sexe; à vingt ans, elles peuvent se marier. Si elles sont reçues chez leur époux avec les six cérémonies prescrites, elles sont femmes légitimes (*tse*); si non, elles n'ont que le titre et les droits de la femme secondaire (*tsie*), c'est-à-dire une position servile un peu adoucie par l'affection qu'elles peuvent inspirer. Le mari, à qui sa femme légitime a donné des fils, dérogerait en prenant une seconde femme; s'il n'en a que des filles, rien ne lui semble plus naturel que de la répudier. Un proverbe chinois rappelle aux femmes qu'elles sont trois fois dépendantes :

De leur père, avant d'être mariées ;

De leur mari pendant le mariage ;

De leur fils, si elles deviennent veuves.

Nous arrivons maintenant en présence du *Ping-Pou* (29) ou ministre de la guerre. Il s'occupe de tout ce qui est relatif à la distribution des commandements militaires, à l'exercice des troupes, aux revues ; il a une division spéciale pour les soins à donner à la cavalerie, aux chameaux, aux transports de toute espèce. Son genou droit est orné d'une broderie ou genouillère (30), pour les jours où il s'incline devant les idoles, aux sacrifices, et devant l'empereur. Près de lui est un de ses serviteurs (armé du fameux fallot (31) traditionnel) qu'il vient d'appeler au moyen du gong (32) ou tam-tam, instrument dont la sonorité inimitable fait le désespoir des fondeurs de l'Europe. Arrive ensuite le *Fan-Youen* (33) ou ministre des colonies. Il règle, autant qu'il lui est possible, l'existence nomade des tribus mongoles, les mariages de leurs princes, la division de ces hordes errantes en corps réguliers nommés *Wae-Fan* ou étrangers du dehors. C'est ce ministère qui agit, quoique d'une manière indirecte, sur l'administration du Thibet, de la Mongolie et des petits états mahométans formés peu à peu dans la Tartarie indépendante.

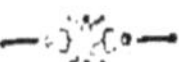

V.

Objets d'Art, Ciselure, etc.

Dans la petite vitrine n° 34, sont des *specimen* de ciselure sur ivoire, sur bois, sur argent, sur nacre, etc.

Quelle habileté ne faut-il pas pour sculpter ces boules (35) emprisonnées dans ces autres boules sculptées, ces écrans (36), ces éventails (37) en ivoire, et ce gracieux panier (38) en sandal, sur lesquels le burin a prodigué les dessins les plus fantastiques avec une légèreté telle qu'on dirait de la dentelle ; et cet autre panier (39) en filigrane, ces porte-bouquets (40), ces émaux (11), ces coquilles de nacre (12) incrustées avec une aussi délicate perfection ! Puis ce sont des peintures sur verre (13) représentant des scènes de théâtre et autres, avec des couleurs si vives et si variées de tons que nous devons nous en montrer jaloux ; des broderies (14) en relief, se détachant complétement du fond tout en rendant les vêtements et les figures d'une finesse d'aquarelle. Quel magnifique meuble (15) sculpté à étagère ! Comme l'ouvrier a marché à plein ciseau dans ce bois de camphre si dur et si odoriférant, supportant sur les tablettes irrégulières de son étagère mille petits objets plus gracieux les uns que les autres. Voici une corne de rhinocéros ; cette corne (16), dont nous ne connaissons point de pareille comme grandeur et grâce de forme, a dû demander bien du temps, bien du travail à l'ouvrier pour qu'il nous l'ait rendue avec une pareille perfection de détails ! Indépendamment de tous les autres

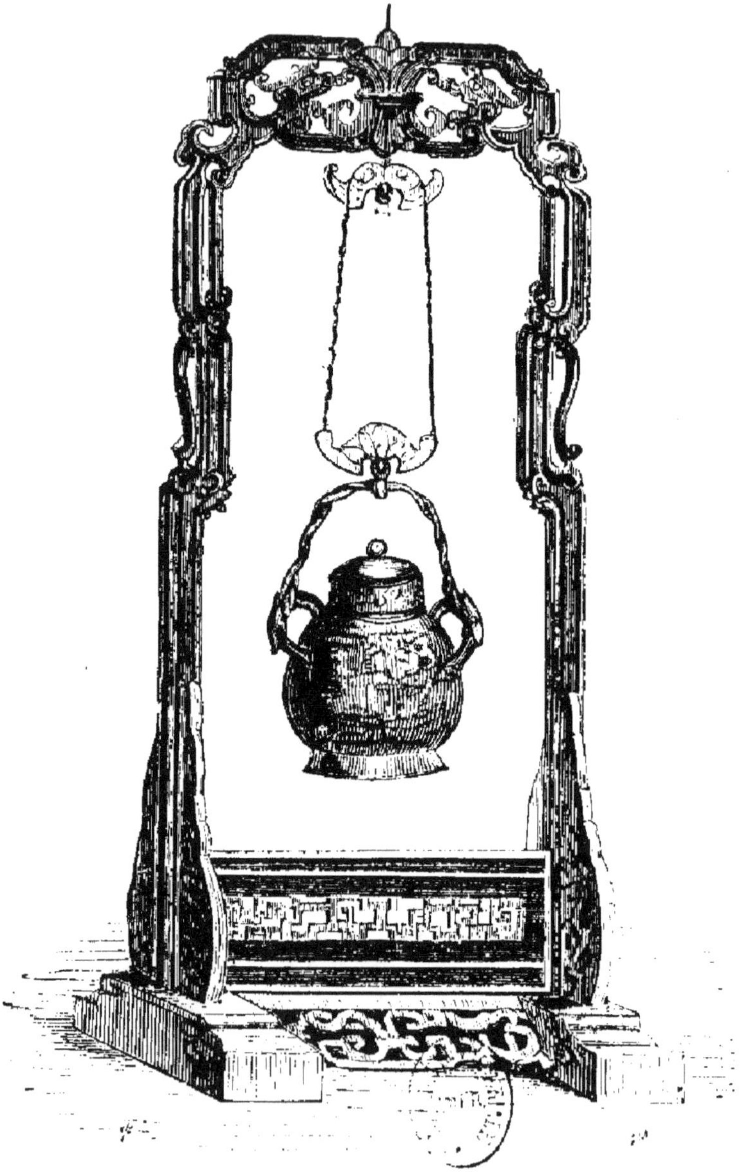

meubles qui garnissent ce salon, et avant de le quitter, nous ferons remarquer ce vieux brûle-parfum (17) en bronze ciselé, et cet écran (18) avec peintures sur verre. Les disciples seuls du grand *Lam-Qua* ont le secret de cette peinture. Nous voici maintenant devant le salon impérial.

VI.

Salon de l'Empereur.

L'empereur de la Chine, vice-gérant et Fils du ciel (*Tien - Tsze*), l'auguste dominateur (*Ouang-ti*), l'auguste élévation (*Ouang-Shang*), le seigneur des dix mille années (*Houan-Soui-Yaï*), etc., etc., a toutes les prérogatives de la dignité : tout pouvoir, toute autorité émanent de lui.

Le peuple crédule, dont les erreurs sont entretenues par les lettrés, suppose toute la terre soumise à son empire, et ne voit dans les rois des autres nations que des délégués de sa puis-sance. Pour lui, aucune loi n'existe ; il peut dé-

truire à son gré tous les priviléges ; ses arrêts
sont en dernier ressort, et à lui seul appartient
le droit de grâce. Toutes les forces et tous les
revenus de l'empire sont à sa disposition,
comme les produits naturels de sa chose, puisque l'empire, en principe, lui appartient tout
entier. La transmission de ces droits étendus
lui appartient encore : aucune loi de succession
ne le gêne ; il peut choisir ses héritiers soit
parmi ses propres enfants, soit parmi le reste
de ses sujets. A l'envisager d'une manière philosophique, son gouvernement n'est qu'un des-
potisme infertile, maintenu par un espionnage
actif et par une responsabilité sans limite, une
sorte de patriarchat tyrannique dont la terreur
assure l'autorité.

L'empereur actuel de la Chine (47), *Ham-
Fung*, fils de Taou-Kwang, est jeune encore,
et paraît avoir hérité des qualités de son père.
Nous ne savons point encore ce que pourra nous
présager sa politique ; mais nous avons sincère-
ment le désir de le voir progresser dans la voie
ouverte depuis quelques années à la civilisation
et aux relations amicales avec l'Europe.

Déjà nos armes, en lui prêtant un concours efficace, nous ont acquis droit de reconnaissance ; le temps n'est peut-être pas éloigné où nous obtiendrons droit d'introduction à l'intérieur.

Près de lui, est la douce et gracieuse impératrice *New-Kooluck* (48) (*Rayon des merveilles*), entourée de son petit page, *Chze-Fan-Lee* (49) et de sa dame d'atours (50); à côté est la musicienne *Nco-Schlae* (51), la première artiste de l'empire, et spécialement attachée au palais. Debout, près de l'empereur, est *Chou-Tsun* (52), le chef du Bureau des Rites (*Li Pou*). Ses attributions sont de veiller à l'observation des cinq classes de cérémonies : 1° les cérémonies propitiatoires ou religieuses ; 2° les fêtes heureuses, telles que celles qui suivent l'avénement d'un nouveau souverain; 3° les cérémonies militaires; 4° les cérémonies hospitalières ; 5° les cérémonies de deuil public. Il surveille de plus l'établissement des écoles et des académies publiques, l'ordonnance des examens littéraires, le nombre, le choix et les priviléges des gradués de diverses classes. Une de ses divisions a la surintendance des sacrifices (*Sze-Tse Sze*) ; des offrandes aux monarques défunts, aux sages, aux grands hommes : des moyens à prendre, en cas d'éclipse, pour délivrer le soleil et la lune qu'un monstrueux crapaud menace d'engloutir. C'est encore lui qui reçoit du gouverneur des provinces et qui place sous les yeux de l'empereur toutes les demandes d'admission dans l'enceinte du domaine céleste. Les ambassadeurs ont directement affaire au bureau des Rites, le seul qui entretienne des interprètes et le seul qui s'occupe de diplomatie extérieure.

À genoux devant l'empereur, est un pauvre solliciteur (53) implorant une grâce. La forme particulière de son chapeau (54) indique qu'il appartient à la classe des domestiques.

L'empereur est toujours accessible aux audiences qu'on sollicite de lui : un tam-tam d'appel est placé à la porte de son palais. Tout homme, en y frappant, obtient, suivant un ancien usage, une audience immédiate de l'Empereur ; mais aussi malheur à quiconque dérangerait le

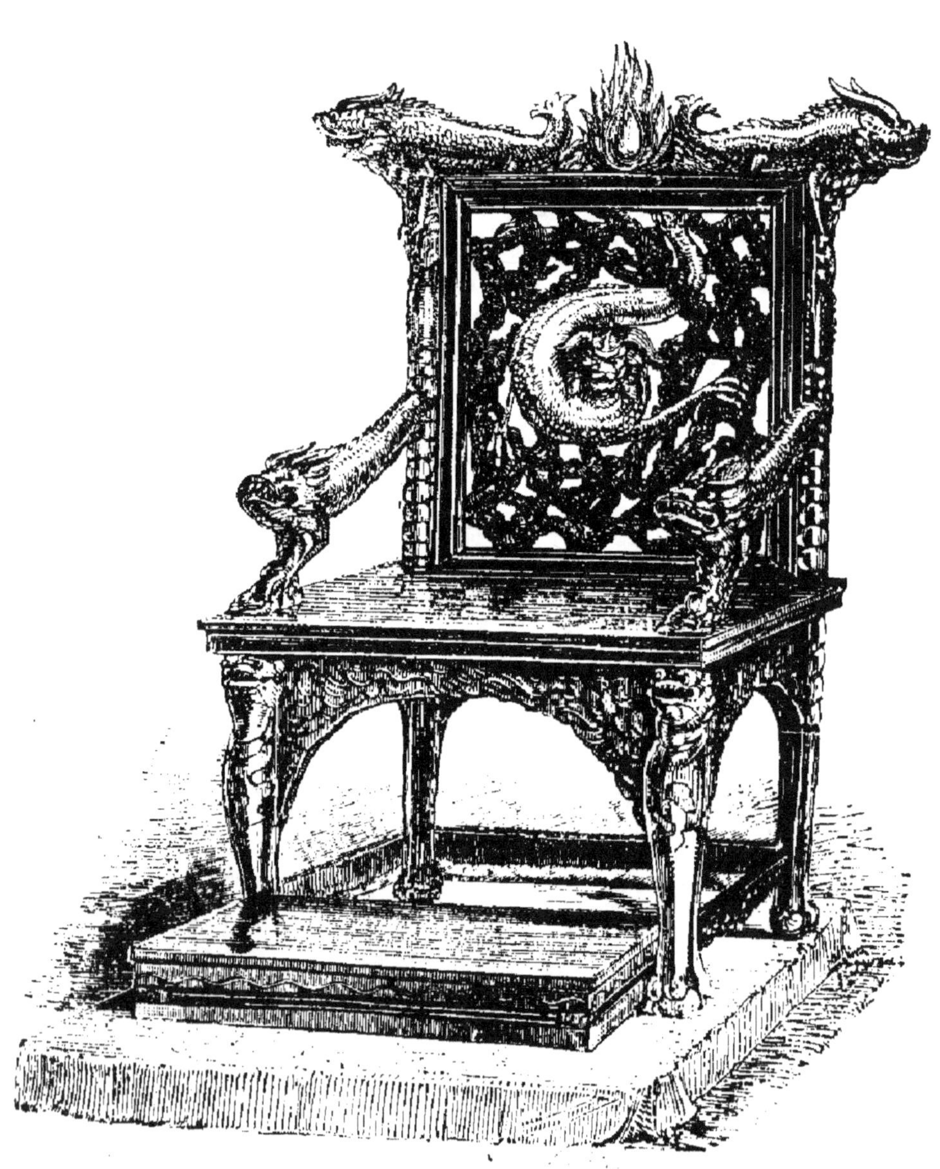

fils du Ciel sans motif légitime : un prompt supplice punirait son audace.

Les fauteuils de ce salon (54), ornés de riches
dragons, emblème impérial, sont faits d'un bois
à grain très dur nommé *muh-wang* ou clé des
bois, très-estimé chez les Chinois.

Aux murs sont appendus deux rouleaux (55)
en soie avec les maximes suivantes : Une nation
repose, pour sa tranquillité, sur la fidélité de ses
ministres : — Les fils des hommes devraient toujours considérer la piété filiale comme le premier des devoirs qu'ils ont à remplir.

Au-dessus de cette table de service (56) sont
des *specimen* de fruits (57), puis deux vases en
toutenague (58), ciselés avec la plus grande habileté, et au milieu d'eux l'image vénérée du réformateur *Tchu-Hi*, surnommé le prince des
lettres, auteur d'un ouvrage spécial et didactique
intitulé *Philosophie Naturelle*, lequel est depuis
plus de 700 ans l'Evangile philosophique des
Jou.

VII.

Objets divers.

Après être entrés dans ce salon de gauche, et avoir admiré ces riches étoffes (59) aux teintes inimitables, sortant presque toutes des fabriques de *Hang Choou*, ainsi que ces châles (60) et ces écharpes de l'Inde, ces meubles (61) et ces bambous (62) si artistement sculptés, ces toilettes mignonnes et gracieuses, ces tables (64) à ouvrage si riches et si bien garnies, ce magnifique canapé (65), ouvragé avec tant de perfection sur un dessin français, nous arrivons à la boutique d'un marchand de thé.

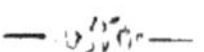

VIII.

Boutique d'un Marchand de Thé.

Je ne parlerai point ici de cette feuille précieuse nommée Tcha ou Thé; mon père et moi, nous en avons fait la description complète

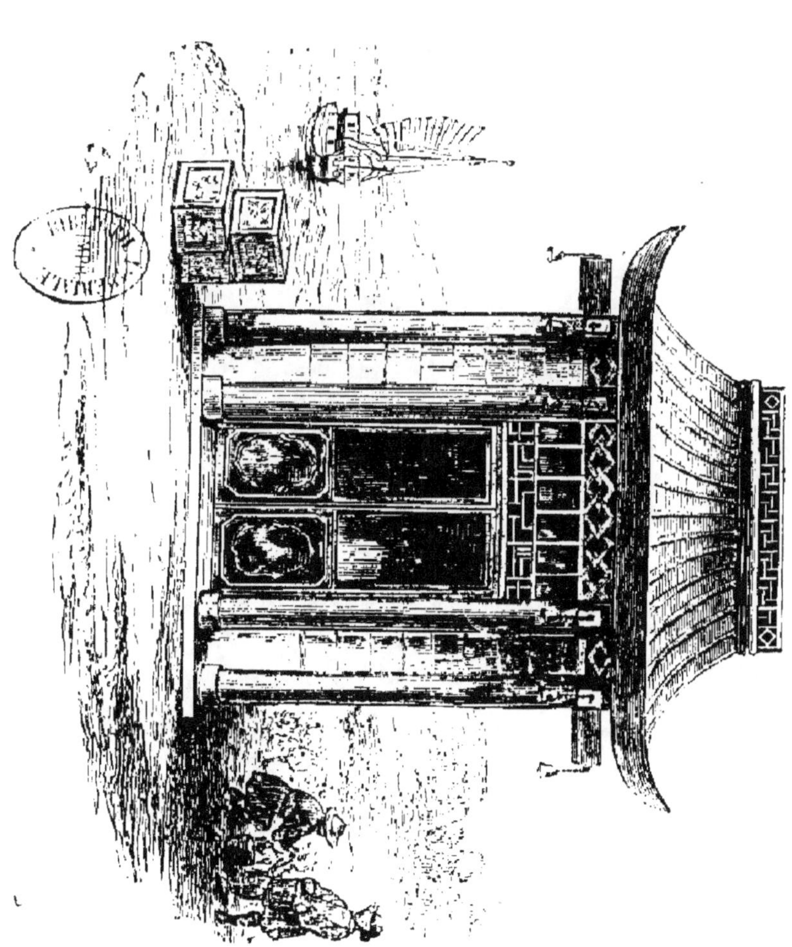

dans l'ouvrage spécial que nous avons publié sous le titre de *la Monographie du Thé.*

Dans une boutique chinoise, tout est rangé avec un ordre rigoureux par les coulies ou garçons (66), dont la prestesse est sans égale ; quant au négociant (67), il est en général d'une civilité parfaite. Tout se passe chez lui avec un soin, une régularité, des égards qu'on ne saurait trop louer ; les inscriptions placées sur les panneaux de son magasin sont souvent celles-ci :

« Parler et s'asseoir longtemps font tort aux affaires. »

« Pas de crédit ; les premières pratiques ont inspiré des soupçons. »

« Petit ruisseau, mais coulant toujours. »

« Le commerce fait la roue. »

Et pour prévenir les effets d'une mendicité audacieuse :

« Ni les prêtres, ni les pauvres n'entrent ici. »

Comme, en Chine, le peuple ignore généralement les premières opérations de l'arithmétique, dans les boutiques, on fait les calculs avec un instrument appelé *suan-pan* (plat à calculer) qui ressemble assez aux marques employées par les garçons de billard. Il consiste en boules enfilées avec des fils d'archal sur différentes colonnes disposées suivant les principes de la numération décimale. Les boules qui figurent les unités sont sur la première colonne à droite, les autres vont avec une progression décuple, en s'avançant vers la gauche. Sauf de légères différences, le *swan-pan* des Chinois ne serait autre que l'abacus des Romains, qui n'était lui-même que l'abaque des Grecs, et dont on a un *specimen* au cabinet de Sainte-Geneviève. Cette antique, qui est peut-être unique en France, est formée par une plaque de bronze carrée. On y a pratiqué plusieurs rangs de lignes évidées, au travers desquelles passent des boutons mobiles rivés par dessous.

Les Russes font encore usage, surtout dans leurs armées, d'un instrument presque semblable au *swan-pan* chinois.

On n'apprendra pas sans surprise que dans les transactions commerciales de Canton, où se pèsent quelquefois des millions de caisses de thé et de balles de marchandises, les négociants chinois déterminent, sans se tromper, les sommes totales bien avant que les courtiers européens aient posé leurs chiffres et fait leurs calculs

Les Chinois se servaient déjà du swan-pan 2,700 ans avant J.-C., vers le temps de l'expédition des Argonautes.

Quand le compte est fini et la facture réglée, l'acheteur a droit au *cum-shaw*.

Le *cum shaw* est un cadeau, une marque de reconnaissance que le marchand donne à sa pratique, et qui se proportionne à l'importance de l'acquisition.

Le gouvernement chinois ne reconnaît ni monnaie d'or, ni monnaie d'argent. L'or est considéré comme marchandise, et son cours varie comme celui des pierres précieuses en Europe. Quant à l'argent, il n'est pas non plus monnayé ; mais, pour la facilité du commerce, on le divise ordinairement en petits lingots, que l'on coupe par morceaux, et que l'on pèse, afin d'établir ses paiements. Aussi tous les gens de négoce portent-ils sur eux de petites balances d'une grande précision, et sans lesquelles ils ne terminent aucune affaire. La monnaie qui ait un cours légal en Chine, est une pièce de cuivre ronde, un peu plus grande qu'un liard.

Ces petites pièces, que l'on nomme *Lées*, sont percées au milieu d'un trou carré; on les emploie ou séparément pour de petits achats, ou enfilées par centaines, par cinquantaines, par dizaines. Un *tchen* est un rouleau de dix lées, cinquante tchen valent un *taël*, ou once d'argent. Le taël représente une valeur intrinsèque de cinq francs. Le tchen vaut un décime, le lée un centime ou à peu près.

La tête du prince n'est jamais gravée sur la monnaie chinoise; on se borne à y appliquer la marque de la dynastie sous laquelle elle a été frappée.

Dans l'opinion de ce peuple, c'est manquer au respect dû à la majesté de l'empereur, comme image du Tien sur la terre, que de faire sans cesse circuler son effigie entre les mains d'impurs colporteurs, que l'exposer aux regards d'une tourbe grossière.

—◦❀◦—

IX.

Agriculture. Pêche, Ecrivain public.

Il n'y a pas de terrains en Chine, même le plus stérile, que l'art et le travail ne forcent à produire quelque chose. Où le riz ne vient pas, on sème la patate douce; ailleurs, c'est la canne à sucre, c'est le fraisier, le cotonnier, l'arbre à suif (*Stillingia sebifera*), le laurier, etc., et dans les coins les plus sablonneux, quelques pins rabougris qui puissent au moins donner un peu de bois, un peu de thérébentine. Quoique le plus étroit plateau prêtant sa surface de gra- nit à quelques panetées de terre végétale, ense- mencé, arrosé, fumé à grand'peine, accorde une moisson au travail obstiné de l'homme, cette moisson, si complète qu'elle soit, ne suffit presque jamais aux besoins d'une population dix fois trop nombreuse pour le sol qu'elle couvre, quoique d'une étendue cultivable de 396,175,500 ares. Cet immense territoire est divisé, avec la plus grande parcimonie, en une multitude infinie de petites portions ayant chacune son propriétaire. A l'exception du jardin impérial à Pekin, aucune fraction de terrain n'est prise dans l'empire pour jardin de plaisance. Quant aux prairies, ils n'en ont aucune ; à peine s'il existe quelques pâturages. Les ruminants, répandus par petites bandes à travers le pays, ramassent une chétive subsistance sur les montagnes, dans les marais et partout où la culture est impossible.

Les Chinois ont des engrais inconnus partout ailleurs, mélange hideux de toutes les pourritures imaginables. Tout leur est bon, tout leur est propre ; voire même les coupes de barbes et de cheveux que les barbiers, quand ils ont fini, ramassent et mettent dans un sac à l'intention des cultivateurs.

La cendre, la chaux, les détritus d'animaux, les poils, les cornes, les os réduits en poussière, la suie, les excréments, les tourteaux qui restent après l'expression des végétaux , le plâtre des vieilles maisons, tout rebut végétal et animal et toute autre substance quelle qu'elle soit ayant une propriété acquise et reconnue, sont immédiatement convertis en fumier pour l'engrais.

Les Chinois comprennent parfaitement combien de fréquents labours sont avantageux. Rarement les bœufs ou les chevaux sont attelés à la charrue; l'emploi d'une petite espèce de buffle leur semble plus commode, quand ce ne sont pas quelquefois des femmes ou des hommes. Il arrive aussi que souvent la charrue est remplacée par la bêche ou la houe. Pour l'irrigation de leurs terres, ils emploient des moyens vraiment ingénieux et prompts. Au reste, les rivières qui coulent en grand nombre, leur sont d'un très grand secours.

Dans aucun pays du globe, l'agriculture n'est plus encouragée et plus honorée qu'en Chine. Non seulement à une époque désignée de l'année, l'empereur, ainsi que nous l'avons déjà dit, laboure lui-même une pièce de terre, à l'exemple de *Shin-Nung* (le divin laboureur) , mais il est considéré comme le patron principal et le Père de tous ceux qui cultivent le sol, et c'est à lui qu'incombe une responsabilité particulière dans l'invocation du peuple aux Dieux.

Le riz, base de la nourriture, est le grain principal qu'on cultive ; on en fait jusqu'à trois récoltes par an sur le même terrain ; on cultive aussi le millet en abondance. Comme les femmes font avec les hommes le travail des champs, une forte et vigoureuse femme, ainsi qu'on en trouve dans la province de *Kiang-See*, est appréciée et recherchée. Ne quittons point les laboureurs sans avoir mentionné la particularité du vêtement (70) que porte un de ceux (71) placés devant nous. Outre qu'il est imperméable à la pluie, le manteau, tout en feuilles de bambou, garantit des ardeurs du soleil, en même temps qu'il préserve du froid : on le nomme *kann-tsza-schinn* (ou toit à feuilles.)

Dans une contrée où la nécessité de faire subsister une population devenue excessive, ne permet de laisser en prairies que le moins de terrain possible, un large espace n'est point ré-

servé davantage pour les routes, qui toutes
sont étroites, construites en pierres inégales,
couvertes de trous et d'ornières ; aussi peut-on
admettre facilement que les moyens de locomo-
tion sont difficiles. L'espèce de voiture permise
en Chine est une sorte de carriole à deux roues
et non suspendue. C'est d'un pareil équipage que
les hauts fonctionnaires de l'État se servent
toutes les fois que, par un mauvais temps , ils
sont obligés de voyager par terre. Le cocher
n'a point d'autre siege que le brancard; et quelle
que soit la gêne qu'il éprouve, il reste à son
poste dans un calme imperturbable. L'intérieur
de la carriole n'a point de bancs, les Chinois
ont l'habitude de s'asseoir les jambes croisées
sur des coussins ou des nattes.

Lorsque ces voitures sont destinées à transporter des femmes d'un certain rang, à l'aide de
nattes de bambou tressé, recourbées en berceau,
on empêche qu'elles ne soient vues des passants;
seulement, afin que la lumière et l'air puissent
y pénétrer, on pratique de chaque côté une ou

deux ouvertures d'une largeur suffisante pour y passer la tête.

Les chevaux aux environs de Pekin, sans avoir la vigueur ni la beauté des nôtres, sont forts et ont les os solides; ils sont très-doux et très-familiers. On les nourrit avec des fèves et de la paille hachée. Comme ils ne sont point ferrés, la corne de leurs pieds s'use promptement, en sorte que le meilleur cheval, à six ans, est presque hors de service. Le conducteur se garde bien de maltraiter l'animal docile qu'il dirige. Sait-il ce qu'il deviendra? Imbu de la doctrine de la métempsycose, il craindrait de tourmenter l'âme de son père ou de son aïeul.

Quelques an iens voyageurs ont parlé des chariots à voiles des Chinois, dit sir Georges Staunton. Cette méthode n'est pas entièrement perdue. Ce sont de petites charrettes, ou plutôt des brouettes de bambou, avec une seule roue. Quand le vent est faible ou contraire, un homme attelé en avant traine la voiture, tandis qu'un autre la pousse par derrière. S'il fait assez de vent, on déploie une voile de natte attachée

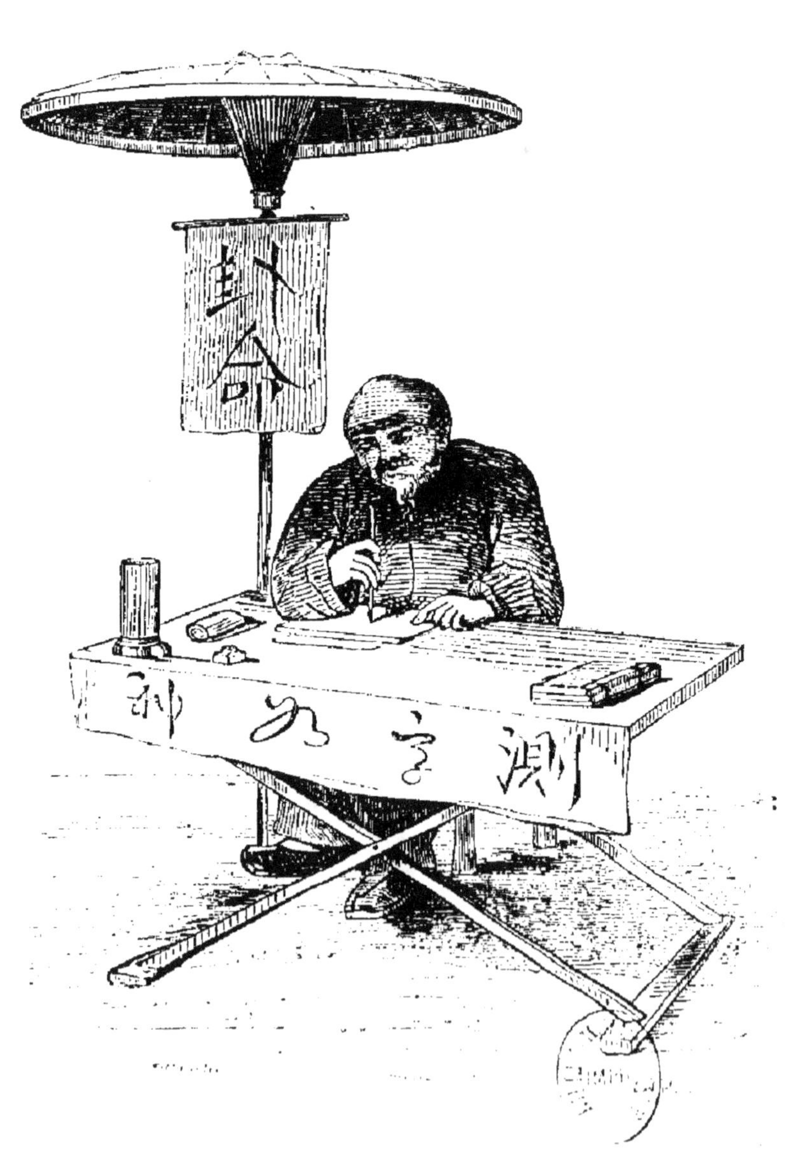
神 乃 言 測

à deux bâtons. Cette voile rend inutile le travail du premier homme. Les villageois profitent de la constance avec laquelle le vent souffle dans de certaines directions pour accélérer la marche de leur léger véhicule.

Les instruments aratoires (72), et surtout les râteaux(73), sont également dignes de remarque. Derrière les laboureurs, dont un fait mollement sa sieste couché dans un hamac, est un pêcheur (74) de *Tan Kea*, caste avilie et quelquefois opprimée, qui erre incessamment le long des fleuves, et porte où elle veut son habitation aquatique.

Assis à cette table, est un écrivain public(75).

L'écrivain public est un lettré déchu qui, ne pouvant vivre du travail de ses mains, car un bachelier se déshonorerait par toute espèce de labeur mécanique, copie des proverbes et des maximes qu'il vend aux passants. En ce moment même, il confectionne une épitre pour deux femmes du peuple (76) debout près de lui. A ce métier, qui lui rapporte à peine de quoi le nourrir, et fort mal, il ajoute une industrie dan-

gereuse que la difficulté des examens littéraires
a mise en vogue ; elle consiste à se présenter devant les examinateurs provinciaux sous le nom
et à la place de quelque jeune homme illettré ,
mais riche, qui remporte ainsi la victoire avec
la lance d'un autre. »

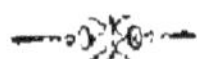

X.

Bateaux, Villas, Vieux Pont.

Les modèles que nous donnons ici sont la re-
production exacte en petit des bateaux eux-
mêmes. On a employé pour chacun le bois même
de la fabrication ; et les rames, le gouvernail, la
coque, les mâts, les cordages, tout est le fac-
simile parfait de ce qu'ils sont réellement.

C'est d'abord un petit bateau de famille (77),
situé dans les rivières de la Chine. La rivière de
Canton, seule, près de la ville même, en contient
plus de 40,000, renfermant une population de
près de 200,000 âmes. Ces habitations sont ré-
gulièrement autorisées par le gouvernement,

L'homme s'occupe sur le port pendant que sa femme est chargée du ménage et de l'intérieur, qu'elle tient avec une grande propreté. Le docteur Morison dit, en parlant de cette tribu qui, à Canton, vit sur les bateaux . « Les véritables pêcheurs qui sont à Canton viennent des provinces du sud, et sont considérés comme une race distincte dont on ne connait pas l'origine. On les nomme *Tan-Hoo*, à cause de la forme de leur bateau qui ressemble à un œuf. » Ces bateaux ont de douze à quinze pieds de long. Le n° 78 est le modèle d'un bateau employé à transporter les thés et autres marchandises sur les canaux de l'intérieur. Il n'y a point d'écluses comme chez nous ; les bâtiments d'un fort tonnage sont élevés au moyen de manivelles, et quand le niveau est repris, on les lance de nouveau sur la surface du canal.

Tout près, est une gabarre (79) qui transporte les cargaisons sur les rivières, et remorque les navires étrangers à Whampoo. Au fond, à droite, est un petit modèle de jonque de commerce (80) ; au fond, à gauche, un cutter mandarin (81) employé par le gouvernement pour la chasse aux contrebandiers ; puis, perdu au milieu des vagues, est un point noir presque imperceptible, c'est pourtant un bateau. Les Chinois l'appellent *Sau-Pan* (82) ou trois Planches.

Les voiles des navires sont formées de feuilles de nattes, arrêtées à chaque jointure par des perches de bambou.

Pour le calfatage, les Chinois recouvrent avec une espèce de mastic qui vaut mieux que le brai dont nous nous servons ; et, d'ailleurs, par un ingénieux procédé, ils séparent chaque vaisseau en plusieurs compartiments isolés l'un de l'autre, de sorte qu'une voie d'eau n'entraîne qu'un dommage partiel, et c'est probablement à cause de l'efficacité de cette précaution qu'ils n'ont point adopté l'usage des pompes.

Les ancres sont d'un bois dur et pesant qu'ils appellent *Tiemou* ou bois de fer. Ils les préfèrent ainsi parce qu'elles ne sont point sujettes à se fausser. Ils n'ont point de pilotes, ce sont les timonniers qui conduisent le bâtiment et dirigent la manœuvre.

En quittant la marine, arrivons aux habitations que nous avons sous les yeux. Ce qu'il y a de particulier dans les habitations chinoises, c'est qu'elles ressemblent, dans leur plan et dans leurs arrangements, aux ruines des habitations romaines découvertes à Pompéï. Elles n'ont généralement qu'un rez de-chaussée divisé en plusieurs appartements longeant la muraille de la rue et prenant jour sur la cour. (Lorsque l'empereur *Kœn-Lung* vit un tableau représentant les rues de Paris et de Londres, il observa que le territoire devait être bien petit, puisque les habitants étaient obligés d'élever leurs maisons jusqu'aux nues. De même, dans un poëme anglais, il est dit par un visiteur chinois :

« Les maisons sont si hautes, qu'un homme,

monté à leur sommet, peut arracher les étoiles du firmament. »

La pièce principale des habitations, située près de l'entrée (83), sert de salon de réception et de salle à manger ; plus loin sont les appartements privés.

Les balcons du dehors sont en bambou ; les toits d'avancée sont soutenus par une quantité infinie de colonnes et de piliers tous sculptés. Dans les propriétés opulentes, on trouve quelquefois, mais rarement, et par permission spéciale, des lacs et des étangs dans lesquels ils cultivent leur plante favorite, le lotus ou lys d'eau. Devant nous est une villa (84) du plus élégant dessin et du meilleur savoir-faire. Elevée sur un rocher, celle-ci, outre la destination générale des appartements, a encore un salon pour les rafraîchissements et un théâtre particulier pour les ouvrages dramatiques qu'un riche mandarin fait jouer devant lui.

Les numéros 85 et 86 sont deux autres *specimen* d'habitations d'été. Le pont (87), qui se trouve au fond, est jeté en travers de la baie

qui entoure la ville de Fou-Chou-Fou, l'une des cités les plus laborieuses, les plus florissantes de l'empire. Ce débris curieux de l'ancienne architecture chinoise porte le nom significatif de *Wan-Schoou* (myriade de siècles), il est long de 420 pas, repose sur 35 énormes piliers de granit. Sa masse seule le maintient contre un des courants les plus rapides qui soient, car aucun des artifices qui assurent chez nous la solidité de ces sortes de constructions n'a été employé pour celle-ci. Une chose digne de remarque, c'est que les Chinois construisent les arches de leurs ponts sans pierre centrale. Les blocs de pierre ou plutôt les margouillis qui forment le niveau de leurs ponts ont ordinairement 14 pieds de long sur 4 ou 5 pieds de large. La manière de les poser à leur place exacte semble extraordinaire, car ils n'ont aucune machine à cet effet, et tout se fait par le travail seul des mains.

XI.

Place publique, Corps d'Etat, Jongleurs et Comédiens.

Tout d'abord, ce sont des jongleurs dont le riche costume fait un si grand contraste avec les vêtemens simples de ces pauvres ouvriers, quoique, comme eux, ils gagnent à peine de quoi se nourrir par des tours d'adresse assez remarquables. Les jongleurs sont nombreux sur la place de Canton. Celui (88) qui est devant nous fait tourner une assiette sur un vase en porcelaine placé au haut d'une flèche. La pose, l'expression de ses yeux ont une vérité frappante. Près de lui, est un enfant (89) déjà très-adroit, et travaillant avec des flèches. Nous n'avons point à nous étendre sur les tours, l'habileté, l'adresse, le coup d'œil et la sûreté de main de ces artistes nomades, tout le monde a pu les voir et les juger. Au fond, est un tragédien (90) déclamant la vengeance de *Teou-Ngo*, un des drames les plus en réputation en Chine. L'enfant

(91) placé devant lui fait le rôle de l'infortunée jeune fille, et lui donne la réplique. Depuis l'édit de l'empereur Kien-Long, qui défendit aux femmes de paraitre sur la scène, leurs rôles sont confiés à de jeunes garçons et à des eunuques. Le costume est souvent approprié au caractère que la personne représente, et parfois éblouissant d'or et de broderies. Déjà la richesse de ces costumes fut remarquée, en 1692, par *Ysbrandt Ides*, ambassadeur russe.

Les représentations théâtrales sont les amusements favoris des Chinois, et, à l'exemple du moyen-âge, toujours ils joignent, dans leurs pièces, des mystères ou scènes de religion. Il n'y a point chez eux de théâtre régulier; les acteurs sont tous nomades, errant de ville en ville, de province en province. A Canton, et dans les autres grands centres, les habitants d'un quartier se cotisent et font un fonds de caisse avec lequel ils engagent une troupe; un théâtre provisoire est élevé, et tout le voisinage y peut venir. Lorsque le mystère ou le qui-pro-quo a été rendu par les acteurs, ceux-ci s'en vont dans un autre quartier pour y débiter les mêmes scènes.

Au fond, est une mendiante (92), jeune encore, et portant un pauvre petit enfant (93) sur les bras. A droite, est un barbier (94) et son client (95). Les barbiers sont en très grand nombre en Chine ; chaque ville en est remplie.

On trouve, sur les registres de leur corporation, qu'ils étaient à Canton, en 1847, au nombre de 8,000. La raison de ce grand nombre vient de ce qu'aucun Chinois ne se rase lui-même la barbe ni les cheveux.

Les barbiers sont tous ambulants. Aucun ne peut exercer sa charge sans avoir obtenu une licence. Chacun porte sa boutique sur son dos et sous le bras, et fait ses opérations tonsurales en pleine rue. Ses ustensiles habituels sont un tabouret (96) avec différents tiroirs et une sorte de cuve (97) ayant un petit fourneau à charbon de bois et un bassin. L'opération est généralement faite dans le plus profond silence, contrairement aux habitudes de nos praticiens capillaires. Les rasoirs et les ciseaux sont en acier

grossier, mais coupant parfaitement. Ils sont aiguisés sur du fer. On n'emploie point de savon pour la barbe, qui se trouve assez adoucie par l'usage de l'eau chaude. La gratification est toujours laissée au bon plaisir de la pratique. Lorsqu'ils passent dans les rues, les barbiers ont un appel particulier pour attirer l'attention publique. L'instrument qu'ils emploient ressemble à une longue paire de pincettes en fer, ayant la connexion des branches large et claire, et rendant un son aigu à vibration très prolongée.

En Chine, tous les genres de commerce sont autorisés, et tout ouvrier qui n'a point de licence, qui n'est point avoué, ne peut être employé.

Non loin de ce barbier, est un forgeron ambulant (98). Lui aussi, cherche à faire fortune, et, courbé sur son fourneau (99), ayant à ses côtés enclume (100), charbon (101), soufflet (102), ferraille (103) et outils, il fait rougir un morceau de fer qu'il se prépare à travailler. Son enclume, au lieu d'avoir une surface unie, est légèrement arrondie du haut, afin que le fer s'étende plus facilement sous le marteau. Le soufflet est un long cylindre creux avec un piston fait de manière à ce que les bouffées d'air soient continuelles. Par ces simples moyens, il peut réparer les vases en fonte qui sont fêlés avec un talent que nous ignorons, et que ne possède aucune autre nation.

Dans le coin opposé, assis sur son établi et souriant aux déclamations du tragédien, est un menuisier tonnelier (105) avec tous les accessoires de son état. Ces ouvriers ont un rude et continuel labeur qui n'est adouci que par l'usage fréquent de l'éventail et du tabac.

Enfin, dans le coin de gauche, au milieu d'un tas de vieilles chaussures, de morceaux de cuir (106) et d'outils, est un savetier (107) avec ses grandes lunettes (108). Sa pose et sa figure méritent l'attention d'un peintre. Partout où il va, il porte sur son dos, dans un vaste panier, tout son matériel, tout son équipement commercial. Le visiteur voudra bien examiner la manière toute particulière avec laquelle ce savetier fixe ses lunettes ; et c'est à cause même de l'ingé-

nuité, de la simplicité du moyen, que nous le faisons remarquer. Un fil de soie, doublé en sens contraire, part des lunettes même et enroule l'oreille. Quelquefois aussi, pour les maintenir, on les attache à l'oreille avec des fils d'argent munis de petites boules de plomb. Les verres, en cristal de roche, sont parfaitement arrondis et d'une énorme dimension, ce qui donne à celui qui les porte une apparence toute respectable.

Comme les yeux de cet homme suivent avec attention l'assiette que fait tourner le jongleur !

Maintenant que nous avons désigné nos personnages, disons un mot de leurs figures.

Ces figures sont modelées avec une sorte d'argile choisie exprès ; elles sont un curieux spécimen du goût et du savoir-faire des Chinois qui, bien qu'ils soient mauvais statuaires, sont d'excellents modeleurs, et ont un type et un art dans ce genre complètement inconnus en Europe. Le visiteur attentif aura pu remarquer une grande ressemblance dans les traits et l'expression des figures, quoique toutes aient été rendues d'après les originaux même qui vivent encore pour la plupart. Pommettes saillantes, nez aplati, yeux noirs et petits, teint fade et jaunâtre, tels en sont les principaux caractères. Les figures des Chinois ont toutes été fondues dans le même moule par tout l'empire, dit-on ; cependant il y a de bien grandes différences de sol et de climat. Cette identité caractéristique n'est pas seulement dans la figure, elle se trouve également dans le caractère.

Les Chinois ont une ferme croyance dans les développements extérieurs du crâne, et sont, jusqu'à un certain point, phrénologistes. Ils étudient le caractère de l'homme sur les parties osseuses du front, et celui de la femme derrière le crâne.

XII.

Intérieur de la Salle. — Lanternes. — Laques.— Ciselures.— Musique, etc.

Au milieu de la nef s'offrent à la vue un grand nombre d'exemplaires des différents articles

spéciaux à la Chine. En première ligne, je place les thés. J'ai garni une des vitrines du grand temple de la collection d'échantillons de ce produit, la plus curieuse et la plus complète qui soit en Europe.

Entre autres produits de l'industrie chinoise, nous ferons remarquer de magnifiques lanternes toutes ornées, de formes et de dimensions différentes. Chez aucune nation du monde, jamais meuble n'a été en aussi grande faveur. Chacun a entendu parler de cette fameuse fête des lanternes, où deux cent millions de ces lampes suspendues sont allumées d'un bout de l'Empire à l'autre. On en fait de toutes espèces, pour les pauvres et pour les riches, en corne, en soie, en verre, en papier et quelquefois même en simple vernis déposé sur les mailles d'un filet de coton. Leurs montants sculptés, les rubans et cordons de soie, les glands multicolores qui pendent de tous côtés autour d'elles, rehaussent les peintures jetées à profusion sur les tissus transparents qui les enveloppent. Celles-ci atténuent la lumière des bougies ou des lampes intérieures, comme les vitraux gothiques atténuent l'éclat du jour. Arrêtons-nous devant ce magnifique paravent en laque, et disons quelques mots de la manière dont est fabriqué ce vernis.

Il existe à Canton, mais plus particulièrement dans la province de *Kiang-Si*, un arbre appelé *Tsi*, ressemblant assez à un frêne. Il produit une sorte de résine liquide qui découle de son écorce incisée à différentes hauteurs, et qu'on recueille dans des gourdes. On en obtient à la fois une si petite quantité, qu'un millier d'arbres en toute une nuit, fournit à peine vingt livres de la précieuse liqueur; elle est excessivement corrosive, et demande à être employée avec les plus grands soins. Quand on a préparé le bois, on fait au pinceau la première application de la laque, on la laisse sécher, pour ensuite râper cette couche avec une pierre plate et dure. Quand cette couche est presque enlevée, nouvelle application, râpée par le même procédé, mais laissant au bois une teinte plus foncée. On continue ainsi jusqu'à sept ou huit couches, selon qu'on veut donner au vernis une trans-

parence, une solidité plus grandes. L'ornementation, les dorures viennent ensuite. On pique avec un outil pointu un dessin préalablement tracé sur du papier, on applique cette feuille de papier sur la laque, et on la recouvre de talc pulvérisé. Cette poussière fine passe à travers les piqûres du papier, et l'empreinte du dessin se trouve ainsi transportée sur le vernis. Un ouvrier l'y grave au poinçon, puis les peintres s'emparent du léger croquis, et suivant ses lignes déliées, y appliquent les premières couleurs rouge et brune qui doivent servir de dessous à la dorure.

Cette industrie est originaire du Japon ; mais les Chinois l'ont singulièrement perfectionnée. Cependant, supérieurs par la richesse et la variété des dessins, les bois vernis de la Chine n'ont pas la beauté solide qui distingue ceux du Japon. On estime ceux-ci pour l'épaisseur et l'éclat de leur noire enveloppe plus que les premiers, malgré leurs reliefs aux magnifiques caprices. La vente des laques est et restera longtemps en grande faveur, malgré les grossières contrefaçons des peuples de l'Europe.

Arrivons maintenant à leurs ciselures. Jamais aucun peuple n'a sacrifié, comme les Chinois, à l'amour des superfluités, des ornements inutiles, des riens qui deviennent quelque chose à force de travail curieux et d'obstination puérile. Ils ont l'adresse du singe, combinée avec la patience du castor et l'activité de la fourmi. Nous avons beau faire, jamais nous n'arriverons à ces créations inexplicables.

Donnez à un ciseleur de *Schang-Hae* l'une de ces boules d'ivoire que nos joueurs de billard font rouler sur le tapis vert, il vous la rendra en telle quantité que vous voudrez de sphères à jour, enchâssées l'une dans l'autre, légère comme une poignée de tulle, brodée comme nos plus merveilleuses dentelles. Pour croire à un travail si achevé, si délicat, si merveilleux, il faut l'avoir vu, l'avoir tenu dans les mains, l'avoir soumis à toutes les épreuves que nous suggère la curiosité et la méfiance la plus naturelle. Tandis que nous nous émerveillons de la précision avec laquelle certaines portions sont travaillées en filets, en grillages, en dessins d'une ténuité pour ainsi dire microscopique, ils n'admirent, eux, comme vraiment difficile, que l'art de creuser l'ivoire à la plus grande profondeur possible sans l'entamer. Leurs plus habiles ciseleurs sont arrivés, en ce genre, à d'incroyables résultats. L'ivoire n'est pas la seule substance sur laquelle s'exercent la patience et l'activité de ces infatigables artistes. La nacre de perle, l'écaille de tortue, la corne de rhinocéros et autres, le bois de Sandal, moins commodes à travailler, sont aussi fréquemment employés à la fabrication des éventails, des boîtes, des pagodes, etc., etc.

Beaucoup d'objets d'art, en Chine, ont, comme chez nous, une valeur idéale qui tient à leur antiquité. La vieille porcelaine, par exemple, est presque vénérée pour son âge. On la tient à part dans des cases soigneusement fermées, et le marchand ne se décide à la montrer qu'après s'être bien enquis de la délicatesse et des connaissances spéciales de son acquéreur.

Les Chinois ne sont point musiciens ; ils n'écrivent pas la musique, et n'ont aucune idée du contrepoint ni des accords. Fussent - ils deux cents à jouer ensemble, ils n'en continuent pas moins leur étourdissant unisson à grands renforts de cimbales, de gongs, de trompettes et d'instrumens à cordes. Cette barbarie est d'autant plus étonnante que la musique a toujours été considérée comme une affaire d'état par le gouvernement, et comme un moyen de moralisation par les philosophes.

Les cérémonies religieuses s'accomplissent au bruit du tam-tam et des tambours recouverts en peau de serpent. En pareil cas, les musiciens sont toujours des lettrés, et en général des *Sicou Tsai* attachés à un temple avec le titre de *Yosang*.

Maintenant, portons nos regards vers ces trois majestueuses statues, représentant les figures allégoriques du passé, du présent et de l'avenir, et entrons dans quelques détails sur les différentes sectes de religion usitées en Chine.

XIII.

Religion.

Il y a tant de confusion dans l'histoire des croyances religieuses chez les Chinois, que nous ne pouvons entrer dans une voie qui nous mènerait trop loin. Disons seulement que les sectes de Budd'ha et de Taou sont les deux religions les plus répandues en Chine. Celle de Confucius a bien des prosélytes ; mais sa théorie est basée plutôt sur la philosophie que sur la théologie. De ces trois sectes, les superstitions sont à peu près identiques. L'empereur, les mandarins, les gens lettrés, offrent à des myriades de divinités des sacrifices de tous genres. On les divise en grands, en moyens, en petits sacrifices.

Les grands sont réservés à l'intelligence suprême ; les moyens aux dieux du territoire et des céréales, à la grande lumière (le soleil), à la lumière du soir (la lune), aux génies, aux sages, aux inventeurs des choses utiles ; les petits, enfin, aux hommes illustres dans tous les genres :

philosophes ou savants, grands capitaines, ad-
ministrateurs, et à toutes les divinités qui pré-
sident aux différents phénomènes de la nature.
Leur chronologie fabuleuse n'a guère plus d'in-
térêt ; et ses mythes grotesques fatiguent l'esprit sans lui offrir les riantes et allégoriques
images de la fable grecque ou des chroniques
latines.

La principale religion est le Boudd'hisme, qui
prévaut également chez les Birmans, à Siam, à
Ceylan, au Japon, en Cochinchine. Il est établi
par Ward que Boodh, le fondateur de cette religion, est désigné, dans les livres Burmeses, pour
avoir été le fils du roi de Bénarès, qui vivait
600 ans avant J.-C., et qu'il eut, à différentes
époques, dix incarnations.

Les Boudd'histes ne croient pas à un commen-
cement ; ils admettent que la matière est éter-
nelle ; que chaque portion animale de l'être a eu
sa propre origine, son but, sa destinée en elle-
même ; que la condition des créatures sur la
terre est régularisée selon leurs œuvres bonnes
ou mauvaises ; que les œuvres de mérite con-

duisent le monde au bonheur et à la prospérité, tandis que le vice et les mauvaises actions dégénèrent le monde et le conduisent à sa propre perte. Ils croient à une divinité supérieure élevée à ce rang par son mérite seul : mais elle ne gouverne point le monde. A l'époque actuelle, ils comptent cinq divinités dont quatre ont déjà vécu. La dernière est *Gandama* où *Boodh*, dont la prééminence doit durer 5000 ans sur lesquels 2384 ans sont déjà écoulés. A la fin des cinq mille ans, une autre divinité obtiendra la suprématie. Six cents millions d'âmes humaines sont désignées pour être canonisées avec chaque divinité. *Boodh* en a déjà élevé 24,000 au ciel pour les placer auprès de lui.

Les Boudd'histes croient qu'il y a quatre cieux supérieurs, puis au-dessous douze autres cieux, puis six cieux inférieurs, après lesquels vient la terre. Arrive ensuite le monde des serpents, puis trente-deux principaux enfers, et enfin cent vingt enfers avec des châtiments moins rigoureux. Les Boudd'histes croient encore que les personnes douées du don de deviner le passé, le présent et l'avenir, ont le pouvoir de se rendre invisibles et sont identifiées à la Divinité. Ceux qui font des actes de mérite deviennent grands parmi les hommes, et sont reçus dans ceux des cieux où les plaisirs ont le plus de sensualité; tandis que les méchants vont dans celui des enfers le mieux proportionné à leurs crimes. Ils croient encore qu'à la fin du monde (*Kulpu*), une période de temps si longue que l'homme ne peut la calculer, l'univers entier sera détruit. Cinq commandements sont délivrés aux simples Boudd'histes, pour leur défendre l'homicide, le vol, l'adultère, le mensonge et l'usage des liqueurs spiritueuses. D'autres commandements empêchant l'orgueil, la luxure, etc., sont donnés aux classes élevées. Ils croient ne devoir leur adoration qu'à un être ou qu'aux êtres d'un mérite supérieur, et non au Créateur. Les prêtres font chaque jour leurs adorations dans les temples. Il leur est défendu de se marier.

Beaucoup de Chinois considèrent le grand Lama comme le premier prêtre de la terre. Leur plus grand pontife réside dans le Thibet, et la population tartare de la Chine lui rend hommage. Le Boudd'hisme, quoiqu'il soit quelquefois patronisé par l'empereur et soutenu par de grands et nombreux monastères, est cependant très peu estimé par les lettrés.

Le dieu *Fuh*, si révéré en Chine, comme le fondateur de la religion introduite de l'Inde dans l'empire vers le premier siècle de l'ère chrétienne, naquit miraculeusement à *Cashmere*, 1027 ans avant J.-C. Il fut déifié à trente ans, et ses prêtres s'appelèrent *Lamas*, *Sang*, *Talapoints* ou *Bonzes*. Il mourut à l'âge de 79 ans, déclarant à ses disciples que *le principe de toutes choses était le néant, que tout était venu du néant, que tout retournerait au néant, qu'alors toutes leurs espérances devaient finir*. Telle est la philosophie et la croyance de *Fuh*, dont les sectateurs reconnaissent les trois précieuses unités comme les objets de leur culte suprême, le passé, le présent, l'avenir. Les doctrines enseignées sous son nom sont divisées en *Exotères* et *Esotères*. Les premières distinguant les actions en bonnes et mauvaises avec les récompenses et les châtiments

après la mort, et reconnaissant les cinq précep-
tes ou commandements de *Boodh* déja expliqués;
tandis que les dernières enseignent à croire que
toutes choses sont nées de rien, et que toutes
choses retourneront à rien.

La secte de *Taou*, ou secte de la raison, est
originaire de la Chine.

Cette secte, autant philosophique que religieu-
se, est fort nombreuse, et se compose des sectateurs de la doctrine de *Laou-Keun-Tsze*, qui vécut
560 ans avant J.-C. Le fondateur de ce système a
été appelé *l'Epicure* de la Chine; et en beaucoup
de points, on rencontre une grande analogie
entre les doctrines du sage chinois et celles du
philosophe grec. Il enseigna le mépris des richesses, des honneurs et des distinctions mon-
daines, et fit son possible, comme Epicure, pour
écarter ce qui pouvait venir troubler sa tranquillité et ses plaisirs. Ils ne prétendent point
mépriser la mort; ils étudient au contraire la
magie et la chimie, dans l'espoir de trouver
quelque élixir ou toute autre drogue qui puisse
prolonger la vie. Quelques-uns des chefs de

cette secte sont appelés docteurs de la Raison, et beaucoup de leur doctrines et de leurs traditions ont un caractère essentiellement bizarre et absurde.

Beaucoup de Chinois croient au fatalisme. Les esprits, les sortiléges, les charmes, les augures, les talismans, la divination, sont chez eux en très grande faveur. Il y a encore beaucoup d'autres branches de sciences occultes, comme la géomancie, la chiromancie, la bonne aventure, qui sont cultivées par d'adroits individus qui exercent une influence extrême sur leurs crédules auditeurs.

Les Confucéens ou les sectateurs de Confucius (*Kung-Footsze*), philosophe chinois qui vivait 500 ans avant J.-C., enseignent la pratique de chaque vertu morale, et ont une profonde vénération pour Dieu ou le Roi du ciel.

La philosophie plutôt que la religion de Confucius est grandement patronisée en Chine par les personnes d'un rang élevé. Il y a 1560 temples qui lui sont dédiés, et on sacrifie annuellement à sa mémoire 62,000 porcs et lapins.

Son culte est également pratiqué en dehors des temples et sans l'intervention des prêtres.

Le système de Confucius est la religion de l'Etat.— L'empereur est son grand pontife.—Les mandarins seuls sont ses grands sacrificateurs ; et tout le corps des lettrés forme ses adhérents.

Conclusion.

Il me resterait sans doute à dire bien des choses intéressantes sur les mœurs et l'industrie de la nation la plus industrieuse du monde. J'espère cependant que ce que j'ai pu réunir de connaissances sur ce sujet dans les limites de cette courte notice, aura suffi pour donner au moins une idée juste des singularités de ce peuple à part.

MAXIMES CHINOISES.

—◦❊◦—

« Le Ciel exauce presque toujours les souhaits et les désirs des hommes quand ils sont raisonnables. »

« Celui qui suit la vertu, semble monter un précipice tant le sentier est rude et escarpé. Celui qui suit le vice, semble se précipiter dans un gouffre. »

« Une femme vicieuse, un enfant indiscipliné, en voilà assez pour bouleverser toutes les lois. »

« Un homme peut éprouver deux sensations diverses sur l'âge de ses parents. Une de joie, s'il pense qu'ils vivront longtemps ; une de chagrin, s'il pense qu'ils vivront trop longtemps. »

« Vous me ferez plaisir si vous m'avertissez de mes défauts ; vous me contrarierez si vous me parlez de ma vertu. »

« Si tu as peu de soucis, ta santé n'en ira que

mieux ; si tu te berces de chimères et de soucis, tu te verras dépérir ostensiblement. »

« Buvez modérément, et votre esprit restera calme. Modérez votre impétuosité, et votre fortune ne subira aucune atteinte. »

« Ne vous jetez point dans les procès, telle juste que soit votre cause. Conservez toujours avec vos voisins de bonnes et d'agréables relations. »

« Ne montez point au sommet des collines pour dénicher les oiseaux : ne descendez point au fond des fleuves pour empoisonner le poisson; ne tuez point le bœuf qui sert au labour ; ne traitez point les belles-lettres avec indifférence, en déchirant les œuvres écrites. »

« N'oppressez point le peuple, parce que vous avez des richesses. N'abusez point de votre pouvoir et de votre position pour accabler la veuve et l'orphelin. »

« Coupe les branches et les épines qui obstruent ton passage, jette loin du chemin les cailloux et les pierres qui se trouvent sous les pas, répare les routes que le temps a défoncées, construits des ponts pour la facilité des communications. »

« Propagez la bonne instruction pour corriger les vices des hommes, et partagez vos biens avec autrui pour rendre heureux vos semblables. »

« L'homme périt quelquefois dans la poursuite des richesses, de même que l'oiseau trouve la mort en cherchant sa nourriture. »

« Qui connaît le bien sans le pratiquer, prouve qu'il manque de résolution. »

« Le monde est peuplé d'une infinité d'hommes, mais de combien peu de héros ! »

« Le meilleur moyen de se garantir de l'ivresse est, lorsqu'on est à jeun, de regarder un ivrogne. »

« Les fleurs s'épanouissent également sur toutes les places. La lune jette une égale clarté sur les rivières et sur les montagnes. Le mal existe seulement dans le cœur de l'homme. Toutes les autres choses tendent à montrer la bienveillance du Ciel à l'égard des hommes. »

« Lorsque vous vous habillez, pensez au malheureux labeur du tisserand. Lorsque vous mangez, pensez aux fatigues continuelles et aux inquiétudes du laboureur. »

« Voulez-vous connaître le cœur d'un prince ? regardez ses ministres. Voulez-vous connaître un homme ? appréciez ses relations. Voulez-vous connaître un père de famille ? considérez son fils. »

« L'homme ignore ses défauts autant que le bœuf ignore sa force. »

« Tant qu'il est dans la prospérité, l'homme ne brûle point d'encens ; mais que le malheur arrive, de suite il se jette aux pieds du grand Fo, et les embrasse. »

« Quoiqu'il sache que le plus long terme de sa vie ne dépassera pas cent ans, l'homme se donne autant de peine, de soucis, que si son existence devait être d'un millier d'années. »

« Le sage vit dans la crainte de Dieu et oublie les hommes. L'homme méchant, au contraire, craint les hommes et oublie Dieu. »

« La modestie est le courage de la femme. »

« Le silence et la pudeur sont le courage de la femme. »

« Une fille reçoit, une veuve prend un époux. »

« La patience est une vertu domestique. »

« Ne creusez jamais un puits devant un homme altéré. »

« Ce n'est pas toujours pour vous que vous cueillez le meilleur fruit. »

« Le plus grand plaisir qu'on doive éprouver, c'est de faire une bonne action. »

« L'homme désire toujours au-delà de ce qu'il possède. »

« Quand il a une chose , de suite il en veut une autre. »

« Trois verres de vin peuvent engendrer mille querelles. »

Confucius a dit : « Un homme qui ne songe pas au lendemain, peut avoir beaucoup de chagrin dans le présent. »

« Un homme en cultivant la vertu consulte son propre intérèt, et trouve à augmenter chaque jour ses motifs de réflexions et de sagesse. »

« Sans la sagesse du savant, le paysan ne peut être gouverné ; sans le travail du paysan, le savant ne peut avoir la nourriture. »

« Si le remède à la faim est la viande ou la nourriture, le remède à l'ignorance est l'étude. »

« S'il est préférable d'avoir de l'eau sous la main pour éteindre un incendie, il vaut mieux de même compter sur un ami présent que sur un ami éloigné. »

« Lorsqu'il marie sa fille, un homme doit lui choisir un époux qui lui soit supérieur en rang et en fortune, car elle doit lui être soumise et le servir avec crainte et respect. En choisissant une femme pour lui-même, un homme doit la prendre comme son inférieure, et elle doit alors accepter et honorer sa nouvelle famille comme si elle était la sienne propre. »

« Un homme qui reçoit un bienfait doit être obéissant, de même qu'un fils doit être respectueux et un ministre fidèle. »

« Les hommes ont soin d'afficher leurs bonnes actions sur le devant de leurs portes, tandis qu'ils ont l'habitude de cacher leurs vices. »

Tae-Kung a dit : « Dans la pratique de l'hospitalité, il ne faut pas faire de différence entre vos amis et les étrangers. Vous devez les recevoir les uns et les autres avec la même bienveillance. »

« Sans un miroir, une femme ne peut connaître l'état de sa figure ; sans un véritable ami, un homme ne peut connaître les erreurs de ses propres actions. »

« Un homme devrait choisir un ami qui soit meilleur que lui. S'il s'aime lui-même, il n'en trouvera aucun. Chacun a beaucoup de connaissances dans le monde, mais qui peut dire qu'il a un ami ? »

« L'évidence des autres n'est pas comparable à notre propre expérience. Mieux vaut dire j'ai vu, que j'ai entendu. »

« Nous devrions employer toute notre vie à modérer notre caractère. »

« Les trois plus grandes infortunes de la vie sont, quand on est jeune, de perdre son père ; dans l'âge mûr, de perdre sa femme, et dans la vieillesse; de ne pas avoir d'enfants. »

« Une femme vertueuse fait que son mari est considéré. Une mauvaise femme fait que son mari perd toute considération. »

« Soyez puissant, vous êtes vertueux, et la sottise vous est permise ; soyez d'une classe moyenne, vous ne pouvez être considéré que si vous avez une grande érudition. »

« Soyez pauvre, vous avez tous les vices, quoique probe et instruit. »

« Le courage de l'homme se juge de même que l'ardeur du cheval, à la fin d'une rude journée de labeur. »

« Les générations se suivent de même que les vagues de la mer. »

« Le cœur d'un homme vil ressemble aux eaux d'une source qui vont où la pente les conduit. »

« Dans les jours d'abondance pensez à la pauvreté ; ne laissez point venir à vous le besoin, car alors ce serait avec chagrin que vous vous rappelleriez votre prospérité d'autrefois. »

« Buvons aujourd'hui, puisque nous avons du vin ; demain nous penserons aux soucis du lendemain. »

4.

« Comme l'arbre est incliné, les bourgeons s'inclinent. »

« Ainsi qu'un même arbre peut produire des fruits doux et des fruits amers, ainsi une même mère peut mettre au jour des enfants vertueux et des enfants pervers. »

« Qui viole les lois, soit le chef, soit les sujets, commet un crime. »

« Dans tous les temps, dans toutes les positions, vous verrez la prospérité et l'adversité cheminer de compagnie. »

« L'aigle en mourant lance un long cri. »

« L'homme célèbre en mourant laisse un nom.

« Si vous remplissez convenablement chez vous vos devoirs de famille, pourquoi courir au loin faire vos adorations. »

« Le doute est sur la terre, la vérité est dans le ciel. »

« Dans les circonstances ordinaires, pensez à vos connaissances ; mais au moment du danger, n'ayez recours qu'à vos amis, si vous en avez.

« Parmi les mortels, combien peuvent se dire être sans défauts ?

« Il n'est point d'âge pour la science ; qu'il soit jeune ou non, le savant est considéré toujours. »

« La loi peut toujours punir les criminels ostensibles, mais elle ne peut guère atteindre les offenses secrètes. »

« Si vous n'avez pas foi en vos paroles, pouvez-vous avoir foi en celles des autres? »

« Entrez en possession de ce que vous pouvez vous procurer avec justice; mais n'accaparez jamais avec violence des biens qu'il serait injuste de vous approprier. »

« Quand il n'y a point d'union dans une famille, chacun des membres cherche à déprécier l'autre »

« Bon vin, table ouverte et joyeux propos vous ameneront beaucoup d'amis; tombez dans le malheur, tous vous feront défaut. »

« Chaque homme, au lieu de regarder la neige amoncelée devant la porte de son voisin, ferait mieux de balayer celle qui est sur le toit de sa maison. »

« Tel élevé que soit l'arbre, la feuille qui s'en détache n'en tombe pas moins à terre et couvre ses racines. »

« Celui qui peut dompter ses passions, s'affranchit souvent de bien des chagrins. »

« L'homme a cinq relations directes, avec sa femme, avec ses enfants, avec ses frères, avec son souverain et ses ministres, avec ses amis.

« Il y a cinq sortes de relations auxquelles l'homme

est obligé : époux, père, frère, sujet, ami. Le titre d'époux est en première ligne. »

« Il y a trois mille sortes de grandes cérémonies ou rites : la plus importante est la cérémonie du mariage.

« Le plaisir et la mauvaise réputation sont des instruments destructeurs de la vertu.— Les appréhensions et les pensées anxieuses sont les bourreaux du corps. »

« Mieux vaut être pauvre et honnête, que riche et dépravé. »

« Ne vous déchaussez pas dans un champ de melons, ni ne vous décoiffez sous un prunier. »

« Le temps vole comme une flèche, les jours et les mois comme la navette d'un tisserand. »

« Lorsqu'un homme reçoit un trésor qu'il n'a pas gagné, s'il ne se trouve pas réellement heureux, il doit se trouver certainement bien misérable. »

« Autrefois les hommes ressemblaient aux bêtes fauves par la figure, mais leurs cœurs étaient imbus des vertus les plus grandes. »

« Aujourd'hui, les types de leurs figures ont changé et ont pris forme humaine, mais leurs cœurs ont pris les instincs de la brute. »

« Les hommes rusés sont bavards, les hommes simples sont discrets ; les rusés se tourmentent, les simples n'en prennent qu'à leur aise ; les hommes rusés sont fripons, les hommes simples sont honnê:es ; les rusés sont misérables, les simples sont heureux. »

« En prenant une chandelle nous cherchons la lumière, en lisant un livre, nous cherchons la raison. La lumière, pour éclairer une chambre obscure, la raison, pour éclairer le cœur d'un homme.»

« Si vous avez des champs et que vous ne les cultiviez point, vos greniers resteront vides ; si vous avez des livres, et que vous ne vous instruisiez point, vos descendants seront ignorants; de même que pour emplir vos greniers, des mois et des années ne suffiront pas, de même si vos descendants sont ignorants, ils ne pourront connaître ni la justice ni la propriété. »

« Un sol aride produit toujours de tristes fleurs. »

« Si vous aimez votre enfant, corrigez-le avec le bâton; si vous ne l'aimez pas, bourrez-le de friandises.»

«Les petits oiseaux regardent autour d'eux et mangent; l'hirondelle s'endort sans appréhension.»

« Celui qui possède un fonds d'esprit tranquille, éprouve un grand bonheur; mais l'homme dont les projets sont dissimulés éprouve un grand fonds de misère. »

« Les événements passés sont aussi clairs qu'un miroir; les événements futurs apparaissent aussi sombres qu'un vernis. »

« Le matin ne ressemble point au soir pas plus que le soir ne ressemble au matin, et la fortune des hommes est aussi incertaine que les nuages et les vents du ciel. »

« Lorsque vous êtes plus heureux que d'habitude, vous devez vous préparer à un grand malheur, et quand la joie est extrême, cela présage un chagrin. Si vous obtenez les faveurs impériales, pensez de suite à une disgrâce. Si vous vivez tranquille, pensez à un danger qui vous menace. Plus votre gloire sera complète, plus votre disgrâce sera grande. Plus vos succès seront nombreux, plus votre ruine sera profonde. »

« Quand un miroir est bien poli, la poussière ne peut le tacher; quand le cœur est éclairé par la sagesse, le souffle des passions ni des vices ne peut le ternir. »

« Dans la sécurité, il ne faut point oublier le danger, dans le temps de tranquillité publique, il faut craindre l'anarchie. »

« Les poissons, quoique cachés sous l'eau, sont cependant pêchés. Les oiseaux, quoique bien élevés dans les airs, sont cependant tirés : le cœur seul de l'homme est en dehors de notre atteinte. Les cieux peuvent être mesurés, la terre peut être arpentée, le cœur seul de l'homme ne peut être connu. En peignant le tigre on peut dessiner tous les linéaments de sa peau, mais non ses os. Dans nos relations avec l'homme, nous connaissons sa figure, mais non son cœur; vous pouvez converser avec lui, mais son cœur vous est caché comme s'il était séparé de vous par mille montagnes.»

« Si on vous a offensé sans intention, faites que par des remontrances bienveillantes on ne vous offense point à nouveau; si, au contraire, on vous a offensé avec intention, avec méchanceté, donnez une réprimande assez sévère pour qu'on n'ait point à recommencer. »

«Chaque brin d'herbe a sa part de la rosée du ciel ; et quoique les oiseaux des forêts n'aient point de greniers, ils trouvent toujours abondamment de quoi satisfaire à leur nourriture. »

La sagesse, la vertu, la bienveillance et le jugement, sont imparfaits s'ils n'ont pas avec eux la politesse. »

« Si le corps souffre des calamités du feu, de l'eau ou des volcans, l'esprit souffre bien davantage du souffle des mauvaises doctrines. »

« Le cœur de l'homme est généralement porté vers le bien, et il est à observer que c'est toujours par une influence étrangère qu'il tourne au mal. »

« Il est mieux de penser qu'un homme possède des qualités, que d'affirmer qu'il n'en a aucune. »

« Comme il est impossible de plaire aux hommes en

toutes choses, nous devons prendre soin tout d'abord de marcher d'accord avec notre conscience. »

« Celui qui, tout en connaissant les autres, peut une seule fois se connaître lui-même, peut triompher du mal partout et toujours. »

«Le plus grand bonheur que puisse avoir un homme c'est d'avoir une nombreuse famille, de l'aimer, et d'en être aimé. »

« Entre deux frères, les relations ne sont pas toujours suivies, cela provient souvent d'une disproportion dans la position de fortune. »

« Si tu veux bien dormir la nuit, travaille avec courage, fais tes trois repas, et ne songe point à mal.

« Sans qu'il soit besoin de lui faire aucune question, on juge facilement de la position d'un homme, soit heureuse soit malheureuse, rien que par sa contenance. »

« Chez l'homme, l'adversité est nécessaire au développement de la vertu. »

« Celui qui néglige de s'instruire dans sa jeunesse, regrette toujours, lorsqu'il est vieux, de n'avoir pas mieux employé son temps. »

« Celui qui pendant dix ans, et dans un isolement complet, consacre son temps à l'étude, peut, en un jour, être connu et apprécié de tout le monde. »

« De même qu'il est trop tard de tirer les rênes quand le cheval est arrivé au bord du précipice, de même il est inutile d'arrêter une voie d'eau quand le vaisseau est submergé. »

« L'homme peut s'instruire sur toutes choses sans être obligé d'aller chercher la science au loin. »

« On honore celui qui se respecte, mais on méprise celui qui se vante. »

« Les murs ont des oreilles ; et les écouteurs sont toujours aux fenêtres. »

« De même qu'un seul écheveau de soie ne peut faire une étoffe, de même un seul arbre ne peut faire un bosquet. »

« Une seule conversation à table, avec un homme sage, vaut mieux que dix ans d'étude dans les livres. »

« La vertu conduit à une longue vieillesse, le vice tue l'homme de bonne heure. »

« Il ne faut jamais employer des moyens malhonnêtes, soit en voulant acquérir des richesses, soit en voulant chasser loin de soi le malheur. »

« De même que le médecin ne peut accorder une existence au-delà du terme marqué, de même l'argent ne peut procurer à un homme une postérité vertueuse. »

« La science n'a point de limite. »

« L'intelligence de l'homme a ses bornes. »

« Quand un cheval marche tout lentement, croyez qu'il est malade ; et si un homme n'est point luxurieux, c'est uniquement parce qu'il est pauvre. »

« De même que les rayons d'un seul astre colorent les montagnes de tout un pays, de même un seul regard injurieux ternit toute la vertu d'une vie entière. »

« Une seule minute d'inattention dans les actions peut porter un grave préjudice à la réputation d'un homme. »

« Parlez des vertus des hommes comme si elles vous étaient propres, et de leurs vices comme si vous deviez en éprouver vous-même le châtiment. »

« Trouver un vieil ami dans un pays éloigné, peut se comparer au plaisir qu'on éprouve de voir la pluie succéder à une longue sécheresse. »

« Les actions ne répondent pas toujours aux promesses. »

« Une main habile pour écrire, un coup de pinceau magistral, une grande habileté au jeu des échecs, ne sont rien davantage que des *specimen* d'un travail manuel et mécanique ; pourquoi donc y attacher une aussi grande importance ? »

« Comme chacun respecte généralement un homme instruit ; l'homme instruit, de son côté, ne doit jamais faire fi de personne. »

« N'insère dans un code de lois aucune mauvaise action, si tu veux qu'il soit honoré et respecté. »

FIN.

TABLE DES MATIÈRES.

Paris, Imp. Maquet, rue de la Harpe, 92.